Frau im Schatten

AF285908

Die heimliche Geliebte

Ratgeber für alle Frauen, die dieses
Schicksal teilen

Autor: Dagmar Scholz

Impressum:

Alle Rechte diese Buches liegen beim
Autor:

Dagmar Scholz
Weimarer Straße 11
34379 Calden

2. Auflage

Herstellung und Verlag

Books on Demand GmbH, Norderstedt

ISBN 978-3-8423-7413-3

Inhaltsverzeichnis

Seite

Vorwort ….................................5

Kapitel 1 …............................. 7
Der Anfang
Wie eine solche Beziehung
beginnt und wie jede Frau
dort hineingeraten kann

Kapitel 2 …....... 13
Die Beziehung
Der Verlauf
Stunden der Einsamkeit
Der Teufelskreis

Kapitel 3 …..................... 19
Die gemeinsame Zeit

Kapitel 4................................ 24
Wird er sich trennen?
Ausreden, Ausreden
Vertrösten, immer wieder v...

Kapitel 5 ….................... 28
Frau zweiter Klasse

Kapitel 6 ….............................. 31
Absagen – Schon wieder hat
er sie versetzt

Kapitel 7 ….............................. 35
Der Schock
Seine Frau ist wieder
schwanger

Kapitel 8..................................38
Was geht in seinem Kopf vor?
Was denkt er sich dabei?

Kapitel 9 ….............................41
Die Geliebte wird schwanger!
Happy End?

Kapitel 10 ….............................45
Der Geliebte wirklich ein Held?
Das Ende der Beziehung
Fazit

Anhang ….................................53
Wahre Frauenschicksale
Namen und Orte wurden geändert

Vorwort

Das Leben im Schatten, im Schatten einer anderen Frau, das ist oft das Los der Geliebten eines verheirateten Mannes. Nicht jede schafft den Sprung aus dem Teufelskreis und bleibt Jahre – die besten Jahre – darin gefangen. Dieses Buch soll Frauen dabei helfen, sich aus diesem Teufelskreis zu lösen und ihnen bewusst machen, dass es auch anderen Frauen so geht.

Bevor ich beschlossen habe dieses Buch zu schreiben, habe ich von vielen Frauenschicksalen erfahren. Mit vielen betroffenen Frauen habe ich persönlich gesprochen. Andere Frauen haben ihre

Erlebnisse aufgeschrieben. Doch alle Frauen hatten eines gemeinsam, dass sie es leid waren, von der Umwelt immer mit erhobenem Zeigefinger ermahnt zu werden, dass sie selbst Schuld seien.

So beginne ich dieses Buch mit einer Situations-Analyse.

Kapitel 1

Der Anfang

Wie eine solche Beziehung beginnt und wie jede Frau in diese Situation geraten kann.

Der Anfang

Man lernt sich kennen

Sie lernen irgendwo, auf einem Fest oder bei Freunden einen netten Mann kennen und denken sofort „das ist er". Es schlägt ein wie ein Blitz. Liebe auf den ersten Blick gibt es also doch. Ihm geht es wohl genau so wie Ihnen, denn von nun an weicht er den ganzen Abend nicht mehr von Ihrer Seite. Er ist charmant, sieht gut aus und Sie haben sich bis über beide Ohren in ihn verliebt. Sie merken, dass auch er Ihre Gefühle erwiedert.

Was nun kommt kann variieren.

Variante 1

Er sagt Ihnen im Lauf des Abends, dass er
Sie sehr mag und Sie gern wiedersehen
möchte. Dann setzt er hinzu, dass er
verheiratet ist. Sie schauen ihne entsetzt
an und rücken von ihm ab. Er setzt dann
aber hinzu, dass seine Ehe nur noch auf
dem Papier besteht. Das beruhigt Sie nun
wieder. Sie sind jetzt voller Enthusiasmus
und genießen seine Nähe.

Variante 2

Am ersten Abend sagt er Ihnen nicht, dass
er verheiratet ist. Erst nachdem er sich
einige Male mit ihm getroffen haben rückt
er nach und nach mit der Wahrheit
heraus.

Variante 3

Sie kennen ihn schon länger und wissen, dass er verheiratet ist. Trotzdem haben Sie sich jetzt in ihn verliebt.

Das sind die klassischen drei Varianten, wodurch jede Frau in die Situation geraten kann, Geliebte eines verheirateten Mannes zu werden.

Leider lassen sich Gefühle nicht einfach an- und ausschalten. Gefühle sind oft so stark, dass sie unser Verhalten lenken. Außerdem gibt es auch Hoffnung, an die sich viele jahrelang klammern. Hoffnung gibt Ihnen das Wissen, dass es tatsächlich auch Männer gibt, die sich scheiden lassen und die Geliebte heiraten. Von dieser Hoffnung zehren die meisten Frauen in dieser Situation. Die Hoffnung gibt Kraft, diese Zeit gut zu überstehen.

Wenn wir in Situationen geraten die schwierig sind, dann hilft auch das Verdrängen von Tatsachen, dass wir gewisse Situationen und Phasen besser überstehen. So ist es auch als Geliebte. Jede trägt die Hoffnung in sich, dass es ein „Happy End" gibt. Davon und von der Verdrängung der Tatsachen lebt diese Beziehung.

Diese Beziehungen verlaufen unterschiedlich.

Ein geringer Prozentsatz der Männer trennt sich wirklich von der Ehefrau. Er gibt die Ehe auf und heiratet seine Geliebte.

Ein anderer Teil der Männer gibt von Anfang an zu, dass er sich nicht scheiden lassen wird oder kann. Oft ist es das Geld, das Ansehen und die gemeinsamen Freunde, die ihn so entscheiden lassen..

Viele Männer vertrösten. Sie behaupten sich scheiden zu lassen, wenn die Kinder größer sind.

Kapitel 2

Die Beziehung

Der Verlauf

Stunden der Einsamkeit

Der Teufelskreis nimmt seinen Verlauf

Eine Beziehung, die von der Hoffnung lebt

Die meisten dieser Beziehungen leben von der Hoffnung der Geliebten, dass **er** sich eines Tages zu ihr bekennt. So gehört es zu den Tatsachen, dass manche Frauen das Dasein der Geliebten über Jahre oder gar Jahrzehnte hinaus fristen. Sie bezahlen für ein gestohlenes oder geliehenes Glück einen hohen Preis.

Immer wieder Hoffnung und banges Erwarten. Wann wird er es ihr sagen, dass er sich trennen will? Fragen über Fragen, die sie sich stellt die heimliche Geliebte, in vielen Stunden der Einsamkeit.

Stunden und Tage der Einsamkeit

So ist das Los vieler dieser Frauen die Einsamkeit. An Geburtstagen, Feiertagen oder Urlaubstagen ist der Geliebte bei seiner Familie. Weihnachten das Fest der Liebe, das Fest der Familien.

Doch was ist mit ihr, der Frau im Schatten?

Oft werden die eigenen sozialen Kontakte dieser Frauen durch diese Beziehung stark eingeschränkt. Das gilt wohl nicht für alle, aber für viele. Sie sind immer sprungbereit, denn es kann ja sein, dass der Geliebte heute oder morgen ganz spontan einige

Stunden für sie Zeit hat. Also nehmen sie sich nichts vor. Sie warten. Doch nicht immer hat sich das Warten gelohnt.

Oft warten sie vergebens und kein Telefon klingelt. Selbst anrufen geht nicht, denn die Ehefrau kann immer in der Nähe sein. Ärger möchten sie dem Geliebten nicht machen, denn die Beziehung soll ja weiter gehen.

Doch was ist mit ihr, der Geliebten? Wen kann Sie um Rat fragen? Mit wem kann sie sprechen, wenn die Sorgen sie plagen?

Viele Frauen haben engere Kontakte zu Freunden abgebrochen, denn sie bekommen immer nur den einen Rat: „Gib ihn auf und nimm Dir etwas Vernünftiges, etwas Festes." Doch das mögen die Frauen nicht hören. Viele blocken sofort ab und werden richtig böse. So kommt es, dass diese sozialen Kontakte oft abgebrochen werden. Das führt zu noch mehr Einsamkeit.

Auch die Kontakte zur Familie sind oft stark eingeschränkt, denn Diskussionen möchte man möglichst vermeiden.

Ein Teufelskreis

Viele dieser Frauen geraten nach und nach in einen Teufelskreis. Sie warten darauf, dass sich der Geliebte endlich meldet, brechen aber gleichzeitig andere Kontakte ab..

Es entsteht ein Teufelskreis von Einsamkeit und Warten.

Kapitel 3

Die gemeinsame Zeit

Die gemeinsame Zeit

Wie verbringen beide ihre gemeinsame Zeit? Auch hier gibt es große Unterschiede. Das richtet sich immer danach, wo man wohnt und wieviel Freiheiten er hat.

Es gibt Männer in gut bezahlten Berufen, die mit ihren Frauen sehr arrangiert leben. Die haben viele Freiheiten und können so mit ihrer Geliebten relativ viel Zeit verbringen. Da ist auch ab und zu ein gemeinsamer Urlaub drin. Doch das alles ist kein Ersatz für ein Zusammenleben.

Andere Männer haben mehrmals in der Woche nur einige Stunden Zeit. Besonders schwierig sind solche Beziehungen in kleineren Orten. Für ihn gibt es dann mehrere Probleme, denn wo soll er sein Auto parken und was ist, wenn ihn Bekannte dort hineingehen sehen. Dann kommt er nur abends, wenn es dunkel ist. Meist auch nur bei schlechtem Wetter, wenn niemand sonst draußen ist.

Gemeinsam essen gehen in einem Restaurant?
Das ist in vielen Fällen nicht möglich.

Gemeinsam verreisen?
Auch das ist für viele dieser Paare unmöglich.

So beschränken sich viele dieser

Beziehungen auf die Räume der Geliebten.

Hier wird gekocht, gegessen und geschlafen.

Doch welche Konflikte werden bei diesem Zusammensein gelöst?
Meist werden alle Themen die man eigentlich besprechen wollte unter den Tisch gekehrt. Man möchte nicht, dass diese wenigen Stunden mit einer Mißstimmung enden.

Bevor sie etwas sagt, denkt sie an seinen gequälten Blick, den er ihr das letzte Mal zuwarf, als sie ihn nach der Trennung von seiner Frau fragte.

Diese Gespräche über eine gemeinsame Zukunft werden daher oft ausgeklammert. Sie hofft und er schweigt.

Kapitel 4

Wann wird er sich endlich von seiner Frau trennen?

Seine Ausreden

Vertrösten und immer wieder vertrösten

Vertrösten und immer wieder vertrösten!

Alle paar Wochen und Monate gibt es mal wieder heftigere Diskussionen. Sie hat lange genug gewartet und will endlich mit ihm leben. Sie will heiraten und Kinder mit ihm haben. Er sagt er will das ja auch. Ihm sei nichts lieber als das. Trotzdem sei jetzt nicht der richtige Zeitpunkt, weil seine Kinder gerade in die Schule gekommen sind oder gerade ein schwieriges Schuljahr vor sich haben.
So wird immer wieder vertröstet. Ausreden über Ausreden.

Ein anderes Mal ist seine Frau gerade

krank oder ihre Mutter ist gerade gestorben, sodass er ihr das jetzt nicht antun kann.

Typisch für diese Beziehungen sind diese Konflikte und Diskussionen. Sie will ihn ganz und er will noch warten, weil jetzt gerade nicht der richtige Zeitpunkt ist.

So kommt es, dass solche Beziehungen sich über viele Jahre so hinziehen, bis einer von ihnen diese Beziehung dann doch beendet. Verloren hat in der Regel die Geliebte, denn sie hat auf ihr Leben verzichtet, für ihn. Doch was hat sie dafür bekommen? Einsamkeit und Versteckspiele!

Er dagegen hat sein Leben gelebt. Die Geliebte hat dieses Leben zusätzlich bereichert. Er hat sein zuhause, seine Kinder, Freunde und bei der Geliebten diese vielen Stunden, in denen er wie ein König hofiert wurde, verleben dürfen.

Damit soll jetzt nicht unterstellt werden, dass **er** kaltherzig ist und für die Geliebte keine echten Gefühle empfindet. Das oft schon, aber oft sind andere Bindungen einfach stärker und die Liebe bleibt auf der Strecke. So auch die Geliebte.

Auch wer einen gut betuchten Liebhaber hat, der von Anfang an betont hat, dass Scheidung nie in Frage käme, hofft doch immer, dass er es sich überlegt.

Kapitel 5

Die Frau zweiter Klasse

Die Geliebte, die Frau zweiter Klasse

So wird sie jedenfalls behandelt. Niemand nimmt auf sie Rücksicht und offiziell existiert sie für ihn nicht.

Wie wenig sie doch von ihm weiß. Sie kennt nicht seine Eltern, nicht seine Geschwister und auch nicht seinen Freundeskreis.
Und niemand kennt sie!
Wahrscheinlich wird sie das alles auch nie kennen lernen. Sie gehen nicht gemeinsam zu Partys und werden auch nicht zusammen eingeladen.

Wer nimmt Rücksicht auf die Geliebte? Wenn sie krank ist, Geburtstag hat oder sich einfach nur schlecht fühlt? Dann ist sie meist allein, es sei denn, er hat zufällig gerade an dem Tag Zeit für sie.

Oft fragt man sich: Warum tun Frauen sich so etwas an?

Die Antwort darauf: Liebe und Hoffnung! Davon lebt diese Beziehung, von der Liebe und der Hoffnung der Geliebten.

Kapitel 6

Absagen

Schon wieder hat er sie versetzt

Die Absage

Heute ist wieder der große Tag an dem er
schon früh kommt und bis in die Nacht
Zeit hat. Seine Frau ist über das
Wochenende zu ihrer Mutter gefahren und
hat die Kinder mitgenommen. Sie als
Geliebte freuen sich und haben schön
gekocht, sich ein neues Kleid gekauft und
waren auch noch beim Friseur.

Schon lange bevor er kommt haben Sie
alles erledigt, den Tisch romantisch
gedeckt, damit auch alles passt. Jetzt
haben Sie noch eine Stunde Zeit um sich
auszuruhen, denn Sie wollen frisch sein
wenn er kommt. Das Telefon klingelt und

er ist am Apparat. Mit leiser Stimme
(wahrscheinlich hat er sich mit dem Handy
ins Bad eingeschlossen) sagt er nun: „Tut
mir leid Schatz, meine Frau fährt doch
nicht weg. Sie fühlt sich nicht gut. Ich
melde mich sobald ich kann." Dann hat er
das Gespräch beendet, noch bevor Sie
irgend etwas sagen können.

Das war nicht die erste Absage, denn es
kam schon einige Male vor.

In solchen Stunden kommen dann wieder
die Zweifel, der Groll und man spürt die
ganzen Verletzungen der letzten Monate
und Jahre. Doch wenn sie seine Stimmer
das nächste mal am Telefon hört, dann ist
alles wieder vergessen.

Monate und Jahre gehen so dahin. Wenn man nicht früh genug aus diesem Teufelskreis aussteigt, dann läuft das Leben so an einem vorbei.

Keine Familie, keine Kinder und kein Freundeskreis. Es sollte jeder darüber nachdenken, ob das so erstrebenswert sein kann.

Kapitel 7

Der Schock

Seine Frau ist wieder schwanger!

Seine Ehefrau ist schwanger

Das ist der absolute Schock für jede Geliebte. Seine Ehefrau ist wieder schwanger obwohl er behauptet hatte, dass seine Ehe nur noch auf dem Papier besteht.

Und sie, seine Geliebte, die sich sehnlichst Kinder mit ihm wünscht, die schaut ohnmächtig zu.
Die Zeit verrinnt und mitlerweile hat sie die 35 schon überschritten. Jetzt wäre es eigentlich höchste Zeit, mit der Familienplanung zu beginnen.

Auch das sind Konflikte in derartigen Beziehungen. So geht die Geliebte davon aus, dass er mit seiner Frau keine sexuellen Kontakte mehr hat. Und dann wird die Ehefrau schwanger.

Manche schaffen, wenn der Leidensdruck zu groß wird, endlich den Ausstieg aus dem Teufelskreis.

Kapitel 8

Was geht in seinem Kopf vor?

Was denkt er sich dabei?

Die Geliebte als Oase im Alltag!

Was geht in ihm vor? Merkt er nicht wie sie leidet?

Wohl nicht, weil er es selbst verdrängt. Die Geliebte ist für ihn wie eine Oase im Alltag. Hier kann er sich wohlfühlen. Er wird behandelt wie ein kleiner König. Er kann entspannen und seine Sorgen loswerden. Man hört ihm zu.

Anständig wäre es von ihm, sich für eine der beiden Frauen zu entscheiden oder die Beziehung mit der Geliebten zu beenden.

Er tut es nicht, weil er alles verdrängt. Er ist auf eine gewisse Weise bequem und geht Ärger aus dem Weg. Er sucht den Weg des geringsten Widerstandes. Aus diesem Grund wird er sich auch nicht scheiden lassen.

Es ist immer ein gewisser Typ Mann, der während der Ehe ein Verhältnis mit einer anderen Frau anfängt.

Deshalb ist es für die Geliebten auch oft sehr aussichtslos, eine gemeinsame Zukunft mit ihm aufzubauen.

Wie schon oben beschrieben, ist es ein Typ Mann, der jeder Veränderung oder Konfrontation aus dem Weg geht. Lieber belügt er seine Frau und vertröstet die Geliebte. Er belügt sozusagen beide. Charakterlich ist er eben schwach. Und damit kann er anscheinend jahrelang gut leben. Das wirft kein gutes Bild auf ihn.

Er ist eben nicht der strahlende Held und der Traumpartner, mit dem man sein ganzes Leben verbringen möchte.

Kapitel 9

Die Geliebte wird schwanger

Gibt es ein Happy End?

Was ist wenn die Geliebte von ihm schwanger wird?

Er passt gut auf dass sie nicht schwanger wird. Wenn er kommt, dann bringt er auch Kondome mit.

Er hat sich körperlich gut im Griff und passt sehr gut auf.

Er weiß genau, was er will. Ein Kind mit der Geliebten will er nicht, denn dann müsste er Farbe bekennen.
Verhüten kann er, wenn er auch nichts entscheiden kann. Aber das beherrscht er meisterhaft.

Natürlich kommt es vor, dass die eine oder andere Geliebte von ihm schwanger wird. Die Reaktionen sind dann unterschiedlich. Oft ist diese Beziehung dann aber schnell zu Ende. Selten gibt es ein Happy End.

Kapitel 10

Der Geliebte ein strahlender
Held?

Was ist nur dran an einem
solchen Mann? Ist er denn so
unersetzlich?

Der Geliebte, der strahlende Held?

Der Mann Ihrer Träume?

Na, steht er bei Ihnen immer noch auf dem Podest, dieser strahlende Held? Der nicht entscheiden kann und heimlich mit dem Handy in den Keller oder in das Bad geht um mit Ihnen zu telefonieren?

Der Mann Ihrer Träume, der lügt und betrügt. Das macht er über viele Jahre und kann damit gut leben.

Vielleicht sind Sie jetzt aufgewacht und

schauen endlich mal richtig hin. Schauen Sie sich ihn an.

Wie klein, ängstlich und unsicher er eigentlich ist. Sollte das etwa der Mann Ihrer Träume sein. Der Partner für´s Leben, auf den man sich nie richtig verlassen kann?

Wie komme ich als Geliebte aus dieser Beziehung raus?

Diese Beziehungen haben immer eines gemeinsam. Sie leben vom Verdrängen und dem **Nicht Entscheiden wollen**..

Es kann in diesen Fällen also nur die

Geliebte sein, die diesen Teufelskreis beenden kann.

Wer dieses Buch bis jetzt gelesen hat, der findet vielleicht Parallelen zum eigenen Leben.

Sollte Sie in dieser Situation sein, dann treffen Sie eine Entscheidung.

Erkennen Sie, dass er sich nicht für Sie entscheiden wird.

Machen Sie sich bewußt, was Sie von Ihrem Leben erwarten.

Wenn diese Beziehung länger als ein Jahr andauert, dann ist es unwahrscheinlich, dass er sich

für Sie scheiden lässt!

Nun müssen Sie entscheiden, auch wenn es schmerzlich ist. Und das besser früher als zu spät.

Stellen Sie ihm ganz kosequent ein Ultimatum. Geben Sie ihm vier oder sechs Wochen um die Trennung von seiner Frau zu vollziehen.

Manchmal ist es besser, wenn Sie sich in der Zeit nicht sehen. Wenn er entschieden hat, dann soll er sich wieder bei Ihnen melden.

Das werden für Sie dann schmerzliche Wochen des Wartens sein. Diadurch

erhalten Sie aber auch die Erkenntnis über den Wert Ihrer Beziehung zu ihm.
Bleiben Sie konsequent, bleiben Sie hart.
Nur das bringt Sie aus diesem Teufelskreis.

Wenn er sich nicht trennt, dann sollten Sie sich ablenken. Machen Sie eine schöne Reise oder gehen Sie aus, was Sie schlon lange nicht mehr getan haben.

Unterhalten Sie sich mit anderen Frauen. Online finden Sie genug Frauen, die das Gleiche erlebt haben wie Sie.

Profitieren Sie von Erfahrungen der Frauen, die es geschafft haben, aus diesem Teufelskreis zu entrinnen.

Es gibt auch andere Männer und sicher ist mindestens einer darunter, den Sie lieben können und der frei ist.

Ich hoffe, dass ich nun mit diesem Buch allen Frauen, die aus dieser Situation bis jetzt nicht herausgekommen sind, die Augen geöffnet habe. Dass sie ihren Geliebten einmal mit anderen Augen betrachten und diese Beziehung kritisch sehen.

Vielleicht kommt dann endlich das große Erwachen.
Oder: Sie planen Ihr Leben einfach um. Verzichten Sie freiwillig auf Familienleben und Kinder, dann haben Sie ihren

Geliebten Helden bis in alle Ewigkeit –
stundenweise ausgeliehen.

Dieses Buch richtet sich an alle Frauen, die
in diese Lage gekommen sind, aber auch
an alle, die sich einfach nur für das Thema
interessieren. Man weiß ja nie, ob man
vielleicht einmal in diese Lage gerät.

Eine analytische Betrachtung
der Beziehung von Frauen zu
verheirateten Männern.

Anhang
Wahre Frauenschicksale
Namen und Orte wurden
geändert!

Katharina W. aus München ist 32 Jahre alt, als sie ihre Stelle als Verkäuferin in einem bekannten Münchner Kaufhaus antritt. Sie arbeitet dort in der Abteilung für Haushaltswaren und arbeitet sich schnell ein. Nach einem Jahr wechselt sie in die Abteilung Elektro/ Haushaltsgeräte und lernt dort Manfred F. näher kennen. Manfred F. ist 44 Jahre alt und ihr neuer Abteilungsleiter. Schon vorher haben sie, wenn sie einander im Kaufhaus begegneten, sich Blicke zugeworfen. Doch schaute Katharina immer schnell weg, wenn sie sich von Manfred F. beobachtet fühlte. Nun arbeiten sie seit einigen Wochen eng zusammen, so dass ein Ausweichen kaum möglich ist. Immer wieder wehrt Katharina sich gegen die Gefühle, die sie schon seit langem für Manfred empfindet. Eines Tages, als beide gemeinsame Überstunden machen um den Lagerbestand aufzunehmen, kommen sie sich doch näher.

Zunächst berühren sich ihre Hände wie zufällig, als sie sich Kisten und Kartons anreichen. Dann hält Manfred F. plötzlich ihre Hand fest und sie wehrt sich nicht. Er zieht sie zu sich hin und legt einen Arm um sie. Mit seinem Mund berührt er ihre Stirn und haucht einen Kuss darauf. „Ich möchte Dich gern zum Essen einladen," sagte er. „Hast Du morgen Abend um 20.00 Uhr Zeit," fragte er gleich darauf. Katharina nickte und sie verabredeten sich am nächsten Tag beim Italiener um die Ecke. Als Katharina eine Stunde später auf dem Weg nach Hause war, machte sie sich Vorwürfe, dass sie die Einladung so schnell angenommen hatte, wo sie doch wusste, dass Manfred F. verheiratet war und Kinder hatte. Sie schalt sich eine dumme Kuh, doch jetzt war es zu spät. Am nächsten Tag war sie schon morgens bei Arbeitsbeginn sehr aufgeregt und traute sich kaum in Manfreds Nähe. Immer wieder musste sie an den gestrigen Tag und an den bevorstehenden Abend denken. Da Katharina an diesem Tag eine frühe Schicht hatte, hatte sie

schon um 17.00 Uhr
Feierabend. So hatte sie noch
genug Zeit, um sich für das
Abendessen zurecht zu
machen. Pünktlich um 20.00
Uhr erreichte Katharina das
italienische Restaurant.
Manfred wartete schon am
Eingang auf sie. Er war
charmant und aufmerksam, so
wie man sich den Traummann
vorstellt. Mit seinen dunklen
Haaren, den braunen Augen
und der großen, kräftigen
Gestalt war er auch rein
äußerlich das, was man im
Allgemeinen sehr attraktiv
nennt. Manfred hatte eine
Frau und zwei Kinder. Seine

Frau war ebenfalls 44 Jahre alt, seine Tochter Janine war acht Jahre alt und sein Sohn Oliver war gerade sechs und kam in diesem Sommer in die Schule.

An diesem Abend redeten Manfred und Katharina über vieles, auch über Manfreds Ehe, die langsame Entfremdung der Eheleute von einander und über die Kinder, die der einzige Grund dafür waren, dass diese Ehe noch bestand. Manfred gestand Katharina, dass er in den nächsten drei vier Jahren aus diesem Grund noch an diese Ehe gefesselt war. Er sagte aber auch, dass sie, Katharina, seine Traumfrau sei und dass er wirklich ernste Absichten habe. Wenn seine Kinder etwas älter waren, dann wolle er sich scheiden lassen und mit Katharina ein neues Leben beginnen. Katharina hatte seit diesem Abend alle ihre Bedenken zur Seite geschoben und führte seitdem eine heimliche Beziehung mit Manfred. Oft war ihr in den nächsten Jahren zum Weinen zumute, doch sie dachte immer daran, dass er sich ja irgendwann von seiner Frau offiziell trennen wollte. Dann endlich wäre ihre Beziehung legal und öffentlich. Bis jetzt war sie ja leider nur ein reines Versteckspiel. In der Firma gingen sie so weit wie möglich auf Abstand, damit die Kollegen nichts mit bekamen. Katharina wechselte, als sich die Gelegenheit bot, in die Abteilung für Lederwaren. Nun war die Gefahr ins Gerede zu kommen nicht mehr so groß. Doch oft sollte Katharina ihren Entschluss, dieses Verhältnis begonnen zu haben bitter bereuen. An Feiertagen, im Urlaub oder auch an sonstigen Tagen verbrachte sie ihre Zeit einsam und allein. Ihr Freundeskreis wurde ständig kleiner, das sie sich nichts mehr vornahm, um Zeit zu haben, falls Manfred spontan die Möglichkeit hatte, einige Stunden mit ihr zu verbringen. Wie sehr wünschte sie sich, einmal eine ganze Nacht mit ihm verbringen zu können. Sie waren jetzt zwei Jahr zusammen und hatten noch nie eine ganze Nacht miteinander verbracht. Sie sehnte sich danach, neben ihm einzuschlafen und neben ihm

aufzuwachen. Oft sahen sie
sich eine Stunde, zwei
Stunden oder höchstens drei
Stunden. Mehr Zeit hatte
Manfred nicht, denn seine
Familie wartete auf ihn.
Katharina wurde im Lauf der
Jahre immer einsamer und
auch älter. Sie war jetzt 36
Jahre alt und ihr Verhältnis
bestand nun seit vier Jahren.
Beide Kinder von Manfred
hatten jetzt die Grundschule
abgeschlossen und Katharina
wagte jetzt das erste Mal ein
Gespräch darüber, wann
Manfred sich denn von seiner
Frau trennen wolle. Lange
hatten sie über das Thema

nicht mehr gesprochen. Doch Manfred vertröstete Katharina auf weitere zwei Jahre. Sein Sohn sei etwas sensibel, erklärte Manfred. Gerade sei er von der Grundschule auf das Gymnasium gewechselt und er, Manfred, wolle ihm noch zwei behütete Jahre in der heilen Familie geben, damit er die ersten beiden Jahre erfolgreich absolvieren könne. Manfred wollte einfach vermeiden, dass die Kinder unter einer Trennung leiden und die schulische Laufbahn Schaden nehmen könnte. Das hätte er sich niemals verziehen. Also wurde das Thema gemeinsame Zukunft und Trennung von der Ehefrau in den nächsten zwei Jahren totgeschwiegen. Katharina fiel es immer schwerer, nicht über dieses Thema zu reden. Sie wollte Kinder haben, eine normale Beziehung führen, heiraten und endlich leben. Doch die Realität sah einfach anders aus. Katharina war jetzt gerade 37 Jahre alt geworden. Ihre biologische Uhr tickte nun immer lauter. Fast täglich konnte sie nun das Ticken dieser Uhr hören, das, wie ihr schien, von Tag zu Tag lauter wurde. Beruflich war sie in den Monaten sehr erfolgreich geworden. Vor wenigen Wochen wurde ihr die Leitung der Abteilung für Lederwaren übertragen.

Privat allerdings war es um sie herum sehr einsam geworden. Sie hatte keine Kontakte zu anderen mehr, denn ihr Leben war auf die wenigen Stunden mit Manfred ausgerichtet.

Sie musste ja immer für ihn verfügbar sein, denn sie hätte es sich nie verziehen, wenn sie eine von den wertvollen Stunden mit ihm verpasst hätte. Oft rief er sie spontan an, wenn er die Gelegenheit hatte, sie für zwei bis drei

Stunden zu treffen. Dann war sie natürlich verfügbar und bereit. Es gab aber auch Wochen, wo Manfred in der Woche nicht eine Stunde mit ihr verbringen konnte. In diesen Wochen fühlte sie sich so einsam, wie nie zuvor in ihrem Leben und starrte auf ihr Telefon, ob es nicht doch vielleicht klingeln würde. Aber das Telefon tat ihr dann diesen Gefallen nicht. Katharina hatte niemanden, mit dem sie darüber reden konnte und nahm sich vor, nur noch ein Jahr zu warten und Manfred dann zur Rede zu stellen. Ein langes Jahr lag

hinter Katharina und eines
abends begann Katharina mit
Manfred über das Thema
Trennung, Scheidung und
Beziehung zu reden. Sie war
vor wenigen Wochen 38 Jahre
alt geworden und ihre
heimliche Beziehung dauerte
nun schon sechs Jahre. Sechs
Jahre, in denen Katharina
nicht richtig gelebt hatte. Sie
vegetierte eher als dass sie
lebte. Manfred war das
Thema sichtlich unangenehm.
Er war auf ein solches
Gespräch nicht vorbereitet.
Er wich ihr aus, versprach
aber in der nächsten Zeit mit
Katharina darüber zu reden.

In den nächsten Wochen sahen sie sich nur wenig, da Manfred einige familiäre Verpflichtungen wahrnehmen musste. Wahrscheinlich hoffte er, dass in wenigen Wochen etwas Gras über dieses unangenehme Thema wachsen würde. Natürlich hatte Manfred am Anfang der heimlichen Liebesbeziehung ernsthaft vorgehabt, sich von seiner Ehefrau zu trennen. Doch das war viele Jahre her. Damals war er noch relativ jung gewesen und ein großer Teil des Lebens schien noch vor ihm zu liegen. Er hatte damals gemeint, dass seine

Kinder, wenn sie aus dem Grundschulalter heraus waren, für eine Trennung reif genug waren. Heute sah er vieles anders. Wäre er ganz fair gewesen, dann hätte er schon vor zwei oder drei Jahren mit Katharina darüber reden müssen, sich von ihr trennen müssen. Doch er mochte sie einfach zu gern und sie war einfach immer für ihn da, wenn er sie brauchte. Es war natürlich auch bequem gewesen, alles so zu lassen wie es war. Erst jetzt machte sich Manfred das erste Mal seit Jahren wieder Gedanken darüber, wie er die Beziehung mit Katharina weiterführen sollte, ob er sich von seiner Frau überhaupt trennen konnte und ob er sich doch lieber von Katharina trennen sollte. Sein Gehirnkino lief auf auf Hochtouren. Er seufzte und dachte, dass es für ihn in den letzten Jahren gut gewesen war wie es lief und dass er, wenn er ganz ehrlich zu sich war, gar keine Veränderung wollte. Manfred war jetzt fast 51 Jahre alt. Würde er sich jetzt von seiner Frau trennen, dann wäre das nicht nur eine große Veränderung in seinem Privatleben sondern auch beträchtliche finanzielle Einbußen würde er hinnehmen müssen. Das gemeinsame Haus gehörte zum größeren Teil seiner Frau, denn seine Schwiegereltern hatte zur Finanzierung des Hauses einen erheblichen Anteil beigesteuert. So gehörten drei Viertel des Hauses seiner Frau. Sein Anteil von einem Viertel war somit sehr gering. Ausziehen müsste er und Unterhalt müsste er auch zahlen. Wenn nicht für seine Frau, dann um so mehr für seine beiden Kinder. Von seinem Gehalt bliebe ihm kaum noch etwas. Wie sollte er so mit Katharina eine Familie gründen? Wovon? Wahrscheinlich würde es immer nur Streit wegen des Geldes geben. Wollte er wirklich in seinem Alter noch einmal von vorn anfangen, ein Kind anschaffen mit über fünfzig Jahren? Konnte er diese Belastung noch verkraften. Er war sich nicht sicher, ob es das war, was er wollte. Katharina wollte natürlich ein oder zwei Kinder haben. Aber ehrlich, sie war ja nun auch schon Ende Dreißig. Ob das noch so gut klappte in dem Alter? Vielleicht wird das Kind ja auch behindert oder sie erleidet einige Fehlgeburten, wie so manche Frauen ab diesem Alter. Manfred war skeptisch und sein Gehirnkino lief und lief. Er dachte an seine beiden Kinder auf die er so stolz war. Wie würden sie die Trennung verkraften und die neue Frau an der Seite des Vaters? Manfred kam zu keinem Ergebnis. Er wollte einfach, dass alles so blieb wie es in den letzten Jahren war. Das wäre doch für alle das Beste, so dachte er. Eine Trennung von Katharina? Nein, das konnte er sich ebenfalls nicht vorstellen.

Also versuchte Manfred einem ernsthaften Gespräch mit Katharina immer wieder aus dem Weg zu gehen. Katharina dagegen hoffte und hoffte. War sie in den letzten Jahren mit den Gesprächen über Zukunft, Beziehung und Scheidung immer zurückhaltend gewesen, so erörterte sie dieses Thema jetzt immer mehr. Doch Manfred wich ständig aus. Er verlor sich in Phrasen wie vielleicht und bald und druckste immer mehr herum so bald Katharina auf das Thema Scheidung und Beziehung zu sprechen kam.

Manfred konnte einfach nicht entscheiden und hoffte das dieser Kelch „Aussprache" immer glimpflich an ihm vorbeizog. Katharina hatte in den letzten ein zwei Jahren besonders stark unter dieser Beziehung gelitten. In den ersten Jahren hatte sie ja die Hoffnung, fasst die Gewissheit, dass Manfred sich mit Sicherheit scheiden lassen würde. Doch als alle Fristen verstrichen waren, ohne dass er jemals das Wort Scheidung auch nur von sich aus erwähnte, griff sie immer wieder dieses Thema auf. Es war leicht zu merken, dass ihm dieses Thema immer unangenehmer wurde.

Katharina wurde in den letzten Jahren immer unzufriedener mit der Beziehung und litt immer mehr. Sie suchte einen Therapeuten auf, der ihr zur Trennung riet, doch dieser Gedanke war ihr anfangs unerträglich. Sie wechselte von einem Therapeuten zum anderen, doch alle kamen zum gleichen Ergebnis. In wenigen Tagen war ihr vierzigster Geburtstag und Katharina dachte nun zum ersten Mal ernsthaft über eine Trennung nach. Sie malte sich aus wie ihr Leben wohl aussähe, wenn sie es in den nächsten fünf oder zehn Jahren so weiter führte wie in den letzten acht Jahren. Sie war dann eine relativ ältere Frau mit noch weniger Chancen als jetzt. Kinder, Ehe und alle ihre Träume hätten sich dann in ein Nichts aufgelöst, in ein großes Nichts, das nur aus Einsamkeit bestehen würde. Jetzt war gerade noch Zeit, das Ruder herumzureißen und ihrem Leben noch einen Sinn zu geben. Ohne mit Manfred zu sprechen bewarb Katharina sich um eine andere Stelle. Überall wo Abteilungsleiter gesucht wurden bewarb sie sich. Zwar tat der Gedanke, sich von Manfred zu trennen, sehr weh, doch er gab ihr auch wieder etwas Mut und Zuversicht. Je mehr sie sich mit dem Gedanken anfreundete, desto mehr hoffte sie, dass eine ihrer Bewerbungen bald erfolgreich sein werde. Natürlich waren die Bewerber zahlreich und die Konkurrenz war in dieser Branche groß, doch auch Katharina hatte gute Chancen, denn ihre Zeugnisse waren hervorragend und auch ihre langjährige Berufserfahrung war ein Vorteil, den jüngere

Bewerber noch nicht aufweisen konnten. Mit gerade vierzig Jahren, war sie noch in einem Alter, in dem Bewerber noch gern genommen werden. Jetzt kam ihr zugute, dass sie kinderloser Single war. Jeder Chef war sich sicher, eine Frau mit diesem Lebenslauf lebt nur für ihren Beruf. Was in ihrem Inneren vor sich ging, das konnte man ihr zum Glück nicht ansehen. Wenige Wochen später hatte Katharina ihren ersten Vorstellungstermin bei einem der größten Kaufhäuser Münchens. Die Stelle war wesentlich besser bezahlt als ihre derzeitige und auch die Aufgaben sehr vielfältig. Beruflich wäre sie dann wenigstens einen gewaltigen Schritt weiter. Wenn sie die Stelle bekam, dann wollte sie mit Manfred reden.

Nach einem erfolgreichen Vorstellungsgespräch folgte dann ziemlich schnell die Unterzeichnung des Arbeitsvertrages. Drei Monate noch und Katharina konnte ihrem alten Arbeitsplatz Lebewohl sagen. Da Katharina sechs Wochen Urlaub hatte, von denen sie gerade einmal drei Tage genommen hatte, konnte sie fast sechs Wochen vorher aufhören. Mit Manfred führte sie kurz vor Antritt ihres Resturlaubs ein ernsthaftes Gespräch. Erst jetzt teilt sie ihm mit, dass sie nach dem Urlaub einen neuen Arbeitsplatz habe und dass er sich jetzt entscheiden müsse, was ihm wichtiger sei. Sie oder seine Ehe, für eines müsse er sich entscheiden. Sie gab ihm sechs Wochen Zeit und teilte ihm mit, dass er sich bei ihr melden solle, wenn er sich entschieden habe.

Manfred wurde erst blass und

dann rot. Er war plötzlich ganz konfus und man sah ihm deutlich an, dass ihm das Ganze sehr unangenehm war. Ganze sechs Wochen lang wartete Katharina auf ein Lebenszeichen von Manfred. Doch vergeblich! Er meldete sich nicht bei ihr. Nachdem Katharina drei Monate in ihrem neuen Job gearbeitet hatte, begann sie wieder ihr Leben zu genießen. Neue Freundschaften entstanden und einige Monate später lernte sie Karl, die neue Liebe ihres Lebens kennen. Karl hatte mehrere gescheiterte Beziehungen hinter sich und genug von den Frauen, die nur Abenteuer und Luxus suchten. Karl war 39 und sie verliebten sich ziemlich schnell in einander. Sie zogen nach einigen Monaten zusammen und hatten eine harmonische Zeit. Als Katharina 41 wurde, merkte sie, dass sie schwanger war. Zum Glück war Karl außer sich vor Freude. Noch einmal begegnete Katharina Manfred. Sie ging zum Einkaufen in das Kaufhaus, in dem sie und Manfred lange Jahre gearbeitet hatten. In der Elektro-Abteilung sah sie ihn. Er sah immer noch gut auch aber so sehr sie auch in sich hinein horchte, es regte sich nichts in ihr. Sie konnte nun nicht mehr verstehen, dass sie so lange diesem Mann treu war, ihm geglaubt hatte und fast ihr eigenes Leben aufgegeben hatte. Wie vielen Frauen mag es wohl so gehen wie mir und wie viele Frauen verpassen ihr Leben durch Beziehungen, die einfach nur langjährige Affairen sind?

So endet diese Story doch mit einem Happy End.

Stefanie P., 24 Jahre alt, lernt den 39 jährigen Geschäftsmann Oliver S. Kennen!

Stefanie P. arbeitet als Sekretärin bei einem bekannten Hamburger Unternehmen. Mit ihren Freundinnen verbringt sie an den Wochenenden manche Abende in einer kleinen aber angesagten Hamburger Bar. Eines abends lernt sie dort den Geschäftsmann Oliver S. aus Frankfurt kennen. Oliver S. ist Fabrikant und muss regelmäßig geschäftlich nach Hamburg reisen. Um nicht

immer im Hotel wohnen zu
müssen, hat er sich vor
einiger Zeit in einer
bevorzugten Wohngegend in
Hamburg ein eigenes
Appartement gekauft.
Oliver ist mit der 30-jährigen
Theresa verheiratet und hat
zwei Töchter. Die Mädchen
sind vier Jahre und zwei
Jahre alt. Die
Geschäftsreisen unternimmt
Oliver in der Regel ohne seine
Familie, da er dann sowieso zu
wenig Zeit für seine Familie
hätte. Obwohl seine Ehe nach
außen hin fast perfekt ist,
beginnt Oliver eine Affaire
mit der jungen Stefanie P..

Anfangs macht sich Stefanie wenig Gedanken um eine gemeinsame Zukunft. Sie ist noch jung und genießt es einfach, diesen zuvorkommenden und gut aussehenden Mann gelegentlich an ihrer Seite zu haben. Sie genießt den Luxus, der sie umgibt, wenn Sie mit ihm zusammen ist. Manchmal ärgert es sie, dass Sie ihn nicht anrufen kann, wann sie möchte, dass offiziell niemand etwas von ihrer Beziehung wissen darf.

Doch die vielen Geschäftsreisen, auf denen sie ihn begleiten darf,

entschädigen sie immer
wieder sehr für diesen Ärger.
Mailand, Paris und London, alle
diese Städte durfte sie schon
mit ihm bereisen. Jedes Mal
bekam sie außerdem
großzügige Geschenke von
Oliver. Von einer gemeinsamen
Zukunft der beiden ist
allerdings nie die Rede
gewesen, auch wenn Stefanie
es sich in ihrem Innersten
manchmal erhofft. Im ersten
Jahr ihrer Beziehung macht
es Stefanie nicht viel aus,
dass es wohl keine
gemeinsame Zukunft für
beide geben wird. Doch nach
und nach wird sie

erwachsener und nachdenk-
licher. Oliver war von Anfang
an ehrlich zu Stefanie. Er
sagte, dass er sie sehr gern
habe und sich immer freue,
wenn er mit ihr eine schöne
gemeinsame Zeit verbringen
konnte. Auch wenn er nicht
bei ihr sei, müsse er ständig
an sie denken. Sie fehle ihm
dann sehr. Doch er liebe auch
seine Familie und würde sich
nie von seiner Frau und seinen
Kindern trennen. Irgendwann
aber fängt Stefanie an, mit
ihm zu diskutieren. Sie
versucht ihn umzustimmen,
denn die Eifersucht auf seine
Frau und seine Kinder nagt an

ihr. Sie liebt ihn immer mehr und möchte nun alles. Doch diesen Kampf wird sie verlieren, denn er hatte nie vor sich von seiner Familie zu trennen. Er ist nach wie vor charmant und großzügig zu ihr aber nicht bereit von seinen Grundsätzen abzuweichen. Immer öfter kommt es zu Streitigkeiten zwischen den beiden. Schließlich beendet er die Beziehung zu Stefanie. Sie wollte alles und hat nun alles verloren. Doch sie ist noch sehr jung und wird diese schmerzliche Erfahrung überwinden. Vielleicht war es ja gut für Stefanie, eine

solche Erfahrung früh genug
gemacht zu haben. So weiß sie
was sie will und sie wird in
Zukunft mit einem
gebundenem Mann keine
Beziehung mehr eingehen.